ERNTE
AN WEGEN, WIESEN UND WÄLDERN

Rezepte für wilde Kräuter, Blüten,
Früchte, Nüsse und Pilze

MIX
Papier aus verantwortungsvollen Quellen
FSC® C043106

Deutsche Originalausgabe:
LV.Buch im Landwirtschaftsverlag GmbH, 48084 Münster

1. Auflage 2023

Gestaltung: Christiane Leesker, www.christiane-leesker.de
Fotografie: Vanessa Jansen, www.vanessa-jansen.de
Lektorat: Anne Huntemann, Landwirtschaftsverlag GmbH
Druck: Grafisches Centrum Cuno, Calbe

ISBN: 978-3-7843-5736-2

www.lv-buch.de

Christiane Leesker

Vanessa Jansen

ERNTE

AN WEGEN, WIESEN UND WÄLDERN

Rezepte für wilde Kräuter, Blüten,
Früchte, Nüsse und Pilze

LV.Buch

INHALT

VORWORT

Es ist schon ein besonderes Erlebnis, in Wald und Flur nach Essbarem zu suchen und eine leckere Mahlzeit daraus zuzubereiten. Vielleicht spricht es Urinstinkte aus Zeiten der Jäger und Sammler an? Auf jeden Fall schärft sich unser Blick für die Natur, wir nehmen unsere Umgebung und den Lauf der Jahreszeiten bewusster wahr. Nicht zu reden von kostenlosen, unverpackten und nachhaltigen Bio-Produkten, die wir verarbeiten können!

Und hier sind wir auch schon bei den Gründen, die Vanessa Jansen, die Fotografin, und mich, die Autorin, bei diesem Buch besonders reizten. Wir waren neugierig, was die Natur um uns herum zu bieten hat. Wer hätte schon gedacht, dass man Hopfensprossen essen kann, oder dass am Feldrand womöglich Meerrettich wächst? Dass der lästige Giersch ein wohlschmeckendes Gemüse ist und Löwenzahnblüten sich zu Honig verarbeiten lassen? Für uns beide war das Thema „essen, was die Natur uns bietet“ eine besonders spannende und lehrreiche Entdeckungstour.

Wir sind also zu allen möglichen Jahreszeiten morgens losgezogen, haben geschaut, was wir finden und was wir daraus zubereiten können. Das führte dazu, dass wir beide ständig unsere Umgebung nach möglichen Kräutern, Blüten,

Früchten, Nüssen oder Pilzen abscannten, damit wir bei unserem nächsten Ausflug eine Idee davon hätten, wo sich die Suche lohnen könnte. Auf diese Weise lernten wir die Natur um uns herum ganz anders zu lesen. Wir hielten nach Standorten mit bestimmter Vegetation und Bodenbeschaffenheit Ausschau, ob sie zum Beispiel für Blaubeeren oder Bärlauch günstig sein könnten, oder achteten auf Wetterbedingungen und Reifeprozesse.

Allen, die dieses Buch in die Hand nehmen, möchte ich raten, (wie wir) zukünftig immer ein paar Beutel in der Tasche zu haben, um bei möglichem Sammlerglück gleich die nötigen Behälter zur Hand zu haben. Wie ärgerlich, wenn man an einer Brombeerhecke mit dicken schwarzen Früchten vorbeikommt und nichts dabei hat, wo man sie hineintun könnte! Ansonsten empfehlen sich in jedem Fall festes Schuhwerk, ein Mücken- und Zeckenmittel, eventuell ein Messer und Handschuhe (beim Sammeln von Brombeeren oder Hagebutten ein willkommenes Hilfsmittel). Im Gegenzug werden Sie ganz ohne Zweifel mit echten Glücksmomenten für Körper und Seele belohnt. Bei Ihren kulinarischen Entdeckungsreisen wünsche ich viel Freude!

CHRISTIANE LEESKER

1

2

3

4

KRÄUTER UND BLÜTEN

1

Bärlauch
wächst ab März in feuchten Niederungen und lichten Wäldern. Der intensive Knoblauchduft ist ein guter Wegweiser!

2

Gundermann
ist ab Frühjahr am Wegrand zu finden. Blätter und Blüten schmecken frisch und leicht pfeffrig.

3

Giersch
wächst an vielen Waldwegen und in schattigen Gärten. Die jungen Blätter werden wie Spinat verarbeitet.

4

Knoblauchsrauke
ist ab April an vielen Wegrändern anzutreffen. Blätter und Blüten sind roh und gekocht essbar.

Das Sammeljahr beginnt zeitig im Frühjahr mit dem Bärlauch. Im März, April und Mai stehen vor allem Kräuter und Blumen auf dem Natur-Speiseplan. Häufig können Blüten und Blätter in der Küche verwendet werden.

An dieser Stelle möchten wir betonen: Dieses Buch ersetzt keinen Naturführer und ist kein Bestimmungsbuch. Verwenden Sie Kräuter und Blüten nur, wenn Sie sich Ihrer Sache hundertprozentig sicher sind. Bärlauchblätter zum Beispiel können von ungeübten Augen mit jungen Maiglöckchenblättern verwechselt werden, die ziemlich giftig sind.

Die Auswahl, die hier vorgestellt wird, zeigt nur einen Ausschnitt aus der Fülle der essbaren Pflanzen, nämlich die, die wir für die vorgestellten Rezepte verwendet haben. Grundsätzlich gilt aber, dass die meisten essbaren Kräuter in jede Salat- oder Gemüsemischung passen und nach Lust und Laune zusammengestellt werden können.

Ebenfalls essbar, aber hier nicht mit Bild aufgeführt, sind zum Beispiel Brennnesseln, Scharbockskraut, Wegerich, Beinwell, Taubnesseln, Brunnenkresse, Klee und Sauerampfer. Allesamt schmackhaft und wertvoll für die Gesundheit.

1
2
3
4

KRÄUTER UND BLÜTEN

1

Gänseblümchen
Die Blättchen eignen sich für Salate, Kräuterbutter oder -quark, die Blüten als Dekoration.

2

Löwenzahn
Blüten, Blätter und Wurzeln sind essbar. Verwenden Sie die Blätter junger Exemplare.

3

Waldmeister
sollte vor der Blüte verwendet werden. Angewelkte Sträußchen aromatisieren Getränke und Desserts.

4

Holunderblüten
Die sehr dekorativen und stark duftenden Blüten eignen sich gut für die Zubereitung von Getränken und Desserts.

Auch bei den Blüten gibt es außer den vorgestellten viele weitere, die einem Salat oder einem Dessert den letzten Clou verleihen oder sozusagen die Krone aufsetzen können. Dazu gehören zum Beispiel Veilchen, Vergissmeinnicht, Taubnesseln, Schlüsselblumen, Wildrosen, Margeriten, Malven, Kornblumen oder Apfelblüten.

Eine Ausnahme unter den Kräutern bildet der Waldmeister, der auch wohlriechendes Labkraut genannt wird. Diese Pflanze wird in der Regel nicht verzehrt, sondern, so lange sie noch nicht blüht, fast ausschließlich zum Aromatisieren genutzt, wofür man sie leicht anwelken lässt. Da Waldmeister Cumarin enthält, sollten Sie immer nur wenig davon verwenden und nicht zu lange ziehen lassen – sonst gibt es Kopfweh.

Wenn Sie losziehen, um Kräuter und Blüten zu sammeln, bewaffnen Sie sich mit einem Messer oder einer Küchenschere und einem Leinenbeutel oder mehreren verschließbaren Behältern (Vorsicht, Löwenzahn macht gelbe Flecken, die sich nur schwer wieder entfernen lassen!). Suchen Sie nach Stellen abseits des Weges und nehmen Sie nur, was Sie auch verbrauchen. Verarbeiten Sie Ihre Beute zügig, denn viele gute Inhaltsstoffe verflüchtigen sich nach der Ernte recht schnell.

1

2

3

4

WILDFRÜCHTE

1

Blaubeeren
oder Heidelbeeren wachsen auf sauren Böden in lichten Wäldern von Moor- und Heidelandschaften.

2

Vogelbeeren
sind die Früchte der Eberesche. Wie der Name sagt, werden sie gerne von Vögeln verzehrt.

3

Kornelkirsche
wird auch Herlitze genannt. Sie wächst wild in klimatisch milden Gebieten und als Ziergehölz in vielen Gärten.

4

Holunderbeeren
Holunder wird auch Holler oder Holder, in Norddeutschland Schwarzer Flieder genannt. Wächst wild fast überall.

Das Sammeln von Wildfrüchten kann schon im Juni beginnen, wenn die ersten Walderdbeeren und Heidelbeeren reifen, und bis zum ersten Frost andauern, wenn Hagebutten und Schlehen gepflückt werden können. Sie werden sehen, es ist ein großartiges Gefühl, die eigene wilde Ernte zuzubereiten und zu genießen! Kein Blaubeer-Pfannkuchen könnte besser schmecken, keine Brombeer-Konfitüre feiner!

Wie bei so vielen Dingen ist Vorbereitung das A und O. Gehen Sie gut ausgerüstet auf Ihre „Sammel-Safari“: Festes Schuhwerk, Sonnen-, Zecken- und Mückenschutz, geeignete Sammelgefäße, eventuell Gartenhandschuhe und eine Gartenschere sollten nicht fehlen. Entnehmen Sie der Natur nicht mehr, als Sie selbst verbrauchen und verarbeiten können. Auch viele Wildtiere ernähren sich von den Früchten, die uns so gut schmecken. Gute Kenntnisse der heimischen Flora und ein Bestimmungsbuch oder eine Bestimmungs-App sind außerdem unerlässlich. Nicht alles, was appetitlich aussieht, ist auch genießbar!

Viele Wildfrüchte, z.B. Vogelbeeren, Holunder, Hagebutten oder Schlehen, müssen vor dem Verzehr gekocht werden. Blaubeeren, Brombeeren, Himbeeren und Walderdbeeren schmecken roh

1

2

3

4

WILDFRÜCHTE

1

Hagebutten
sind die Früchte wilder Rosen. Aus den haarigen Kernen stellen Kinder Juckpulver her.

2

Schlehen
Am besten nach den ersten Nachtfrösten ernten. Roh sind sie zu sauer, aber mit Zucker zu Likör oder Marmelade verarbeitet einfach köstlich.

3

Brombeeren
kennt und erkennt jeder. Wachsen an Wegen und Bahndämmen oft in großen Mengen.

4

Sanddorn
ist vor allem in Küstennähe zu finden. Ausgesprochen reich an Vitamin C und sehr sauer!

ganz wunderbar, sollten aber nicht in Bodennähe direkt vom Strauch gegessen werden, da dort das Risiko einer Übertragung des Fuchsbandwurms droht. Auch in der Nähe von viel befahrenen Straßen oder gedüngten Feldern ernten Sie besser nicht. Waschen Sie die gesammelten Früchte vor der Verarbeitung gut ab!

Manchen Früchten, wie den Schlehen, sagt man nach, dass man sie am besten nach dem ersten Frost sammelt, da sich dadurch der Gehalt an Gerbsäuren verringert.

Alle auf dieser Seite gezeigten Früchte wachsen an mit Dornen und Stacheln unangenehm reich ausgestatteten Büschen und Sträuchern. Hier bewähren sich Gartenhandschuhe und Schere. Sanddorn erntet man, indem man die üppig mit Früchten besetzten Aststückchen abschneidet, einfriert und danach die Früchte einfach abstreift.

Eine flotte Lotte, also ein Passiergerät für Obst und Gemüse mit Handkurbel, ist eine sinnvolle Anschaffung, wenn Sie öfter Wildfrüchte verarbeiten möchten. Hagebutten, Brombeeren und Kornelkirschen enthalten Kerne, die sich sonst nur mühsam entfernen lassen, und Siebe sind zu fein, um das Fruchtmus hindurchzustreichen.

1

2

WURZELN UND TRIEBE

1

Hopfensprossen
Essbar sind die obersten 10–15 cm der jungen Triebe im Frühling. Sie werden auch als Hopfenspargel bezeichnet und gelten als Delikatesse.

2

Meerrettich
Die großblättrige Pflanze haben wir durch Zufall an einem Feldrand entdeckt. Die Wurzel wird im Oktober ausgegraben und für die Verwendung geschält und gerieben.

Zugegeben, die Auswahl der hier gezeigten Wurzeln und Triebe ist recht übersichtlich und steht nur beispielhaft für eine große Vielzahl von Pflanzen, die hier leider nicht alle vorgestellt werden können.

Blätter und Triebe sammelt man im Frühjahr, wenn sie jung, zart und hellgrün sind. Ganz junge Triebe von Tannen, Kiefern und Fichten zum Beispiel und junge Blätter von Ahorn, Birken, Weiden oder Buchen sind essbar und enthalten viele gesunde Inhaltsstoffe. Da viele andere Baumarten giftig sind, ist Vorsicht geboten und wie immer wichtig, genau zu wissen, was man vor sich hat.

Wurzeln erntet man am besten im Herbst oder Winter, wenn die Kraft aus der Pflanze in sie übergegangen ist. Die Wurzeln von Nachtkerze, Beinwell, Knoblauchsrauke, Großer Klette, Malve und wilder Möhre sind essbar und schmackhaft. Sie können alle wie Gemüse zubereitet werden. Da viele der genannten Pflanzen lange Pfahlwurzeln haben, die tief in der Erde stecken, ist eine Grabegabel ein nützliches Instrument.

Das Ausgraben, Reinigen und Schälen von Wurzeln ist recht mühsam und wohl eher etwas für Menschen mit ausgeprägter Sammelleidenschaft.

1

2

3

4

NÜSSE UND KERNE

1

Walnüsse
Wenn die grüne Außenschale schwarz wird, sind die Nüsse reif. Die Schale kann zum Färben von Stoff oder Wolle verwendet werden.

2

Haselnüsse
sind reif, wenn die grünen Hüllblätter braun werden. Die Nüsse zu Hause zum Trocknen ausbreiten.

3

Esskastanien
werden auch Maronen genannt. Die essbaren Kerne stecken in einer stacheligen Hülle.

4

Bucheckern
Nur über 40 Jahre alte Buchen produzieren Eckern. Die Samen müssen vor dem Verzehr gewässert und geröstet werden.

Tun Sie es im Herbst den Eichhörnchen gleich und sammeln Sie Nüsse und Kerne für den Winter, denn sie sind nahrhaft, reich an ungesättigten Fettsäuren und voller Vitamine!

Wer über das Jahr bei Spaziergängen nach Buchen, Haseln, Walnussbäumen und Esskastanien Ausschau hält, weiß im Herbst, wo er reiche Ernte einfahren kann. Das Sammeln von Nüssen ist oft sehr ergiebig und damit besonders befriedigend. Einzig bei Bucheckern braucht es etwas mehr Geduld. Bäume, die über 40 Jahre alt sind, werfen aber in manchen Jahren die Eckern geradezu massenhaft ab. Das Sammeln von Eicheln wird hier nicht empfohlen, da das Rösten, Schälen und Wässern, das nötig ist, um sie genießbar zu machen, einen zu hohen Aufwand darstellt.

Walnussbäume stehen in vielen Gärten und Parks, meist aber bleiben die Nüsse unbeachtet. Esskastanienbäume sind in unseren Breiten eher selten, aber mit ihren großen, dunkelgrünen und stark gezahnten Blättern so auffällig in der Erscheinung, dass man sie leicht erkennen kann. Die hellgrünen Stachelbälle, die die Kastanien umhüllen, sind auf jeden Fall unübersehbar. Nicht zu verwechseln sind die Maronen mit Rosskastanien, deren Früchte nicht genießbar sind.

1

2

3

4

PILZE

1

Parasolpilz
Auch Riesenschirmling genannt. Relativ leicht an seiner Größe und dem verschiebbaren Ring erkennbar.

2

Wiesen-Champignons
haben rosa bis schokobraune Lamellen, niemals weiße. Häufig auf Pferdeweiden anzutreffen.

3

Maronenröhrlinge
wachsen in Misch- und Nadelwäldern, oft im dichten Moos. Die Röhren laufen bei Druck blau an.

4

Steinpilz
Den König unter den Speisepilzen erkennt man am dicken, weiß genetzten Stiel und den leicht gelblichen Röhren.

Das Pilzesammeln ist eine Leidenschaft mit vielen Anhängern, doch es erfordert einige Übung und Geduld, bis man die essbaren Exemplare sicher erkennt. Das Durchstreifen von Wäldern auf der Suche nach Pilzen stellt allerdings ein ganz besonderes Naturerlebnis dar und schärft die Sinne und den Blick.

Sollten Sie sich als Neuling an das Pilzesammeln wagen, ist ein gutes Bestimmungsbuch unerlässlich. Am besten beschränken Sie sich zunächst auf die Röhrenpilze. Sie sind relativ leicht zu unterscheiden und es gibt keine tödlich giftigen Exemplare darunter. Röhrenpilze erkennt man am Schwamm an der Hutunterseite. Lamellenpilze sind häufiger anzutreffen, aber oft haben essbare Sorten sehr giftige Doppelgänger. Leistenpilze wie den Pfifferling erkennt man an den sich verzweigenden Leisten, die am Stiel hinunterlaufen. Bevor Sie also mit dem Sammeln beginnen, sollten Sie Pilze eindeutig bestimmen können.

Wenn Sie Ihrer Sache sicher sind, schneiden Sie den Pilz tief unten ab. Reinigen Sie ihn von Erde und Moos, bevor Sie ihn in den Korb legen. Hinterlassen Sie möglichst keine Spuren und wühlen Sie den Boden nicht auf. Und: Nehmen Sie nur so viele Pilze mit, wie Sie selbst verarbeiten können!

BÄRLAUCH-RAVIOLI
MIT ZITRONENBUTTER

Wenn Sie kräftig sind, können Sie den Teig auch von Hand ausrollen!

Für 3–4 Portionen

Für den Teig:
300 g Mehl
3 Eier
1/2 TL Salz
2 EL Olivenöl

Für die Füllung:
60 g Bärlauch
250 g Ricotta
2 Eigelb
2 EL Semmelbrösel
50 g frisch geriebener Pecorino
2 EL Zitronensaft
Salz, frisch gemahlener Pfeffer

Für die Zitronenbutter:
100 g Butter
1 Bio-Zitrone
grobes Meersalz

Außerdem:
Mehl zum Bearbeiten
einige Bärlauchblätter
frisch geriebener Pecorino zum Bestreuen

Mehl, Eier, Salz, Öl und 2 EL Wasser zu einem glatten Teig kneten. Abgedeckt für 30 Minuten kalt stellen.

Für die Füllung den Bärlauch waschen, trocken schütteln und verlesen. Grobe Stiele abschneiden, den Rest fein hacken. Ricotta in eine Schüssel geben und mit Bärlauch, Eigelben, Semmelbröseln und Pecorino verrühren. Die Mischung mit Zitronensaft, Salz und Pfeffer kräftig würzen.

Den Nudelteig vierteln. Jedes Viertel mehrfach durch die Nudelmaschine drehen, bis 4 etwa gleich lange Streifen entstanden sind. 2 Streifen nebeneinander auf die bemehlte Arbeitsfläche legen. Mit Abstand jeweils 1 TL Füllung darauf setzen. Die Zwischenräume mit Wasser befeuchten. Die verbleibenden Nudelstreifen darüber legen. Mit einem Teigrad quadratische Ravioli ausschneiden. Die Ränder mit den Zinken einer Gabel andrücken. In einem Topf reichlich Salzwasser zum Kochen bringen und die Teigtaschen darin portionsweise je 4–5 Minuten garen. Herausheben und abtropfen lassen.

Für die Zitronenbutter die Zitrone auspressen und die Schale dünn abreiben. Butter in einer Pfanne erhitzen, Zitronensaft und -schale einrühren, mit Meersalz würzen.

Einige Bärlauchblätter waschen, trocken tupfen und in feine Streifen schneiden. Die Ravioli in der Zitronenbutter schwenken und auf vorgewärmten Tellern anrichten. Mit Bärlauchstreifen und Käse bestreut servieren.

BÄRLAUCHKNOSPEN-KAPERN

Sollten Sie das Glück haben, genau in dem Moment Bärlauch zu sammeln, in dem die Blütenknospen schon ausgebildet, aber noch ungeöffnet sind, können Sie diese raffinierten Kapern zubereiten, die einen kräftigen Knoblauchgeschmack haben.

Für 1 Glas von 350 ml

60 g Bärlauchknospen
125 ml weißer Balsamico
20 g Zucker
1/2 TL Salz
1 TL Pfefferkörner

Die Bärlauchknospen waschen und in ein luftdicht verschließbares, sauberes Glas schichten. Dabei etwas zusammendrücken.

Essig mit Zucker, Salz und Pfefferkörnern in einem kleinen Topf erhitzen und 5 Minuten köcheln lassen. Dann über die Bärlauchknospen gießen und das Glas sofort verschließen.

Das Glas an einem kühlen Platz 14 Tage stehen lassen, dann sind die Kapern fertig. Sie schmecken z.B. auf einem Butterbrot, einer Pizza, einem Salat oder als Antipasti.

BÄRLAUCH-PESTO
MIT SONNENBLUMENKERNEN

Dieser Klassiker unter den Bärlauch-Rezepten ist nicht ohne Grund besonders beliebt – es gibt kaum eine Art, Bärlauch köstlicher zu verarbeiten. Das würzige Pesto einfach mit al dente gekochten Spaghetti mischen.

Für 1 Glas von 350 ml

150 g Bärlauch
60 g Sonnenblumenkerne
80 g Parmesan
120 ml Olivenöl
Salz, frisch gemahlener Pfeffer

Den Bärlauch waschen, trocken schütteln und verlesen. Grobe Stiele abschneiden, den Rest grob hacken.

Die Sonnenblumenkerne in einer Pfanne ohne Fett goldbraun rösten. Den Parmesan grob reiben.

Bärlauch mit den gerösteten Sonnenblumenkernen, Parmesan und Olivenöl pürieren, bis eine cremige Paste entstanden ist. Vorsichtig salzen und pfeffern.

Tipp:
Das Pesto hält sich in einem gut schließenden Glas und mit etwas Olivenöl bedeckt im Kühlschrank ca. 1 Woche. Besser aber, man genießt es sofort!

BUTTERBROT
MIT BLÜTEN

So ein Blütenbrot ist wunderschön anzusehen und schon deshalb ein Genuss. Der aromatische und süß-scharfe Geschmack der Blumen wird Sie überraschen! Gibt es eine schönere Art, den Frühling in der Küche einzuläuten?

Für 4 Portionen

4 Handvoll frisch gepflückte Blüten (Gänseblümchen, Löwenzahn, Gundermann)
8 Bärlauchblätter
4 Scheiben frisches Brot (z.B. Doppelback)
Butter zum Bestreichen
4 Prisen grobes Meersalz

Die Blüten vorsichtig waschen, trocken tupfen und von verbliebenen Stängeln befreien. Den Bärlauch waschen, trocken schütteln und verlesen. Grobe Stiele abschneiden, den Rest in Streifen schneiden.

Die Brotscheiben mit Butter bestreichen und anteilig mit Blüten, Bärlauch und Salz bestreuen. Sofort genießen!

Tipp:
Achten Sie darauf, die Blüten möglichst auf ungedüngten Wiesen zu sammeln!

KARTOFFELSALAT
MIT KNOBLAUCHSRAUKE

Der dezente Knoblauchgeschmack der knackig-grünen Blätter verleiht diesem Salat eine besonders frische und frühlingshafte Note. Wie man sich unschwer vorstellen kann, schmeckt der Salat auch mit Bärlauch statt Knoblauchsrauke oder einer Mischung aus beiden sehr gut.

Für 3–4 Portionen als Beilage

750 g neue Kartoffeln
1 kleine Zwiebel
1 EL Sonnenblumenöl
250 ml Gemüsebrühe
1 EL Dijon-Senf
3 EL weißer Balsamico
1 Prise Zucker
Salz, frisch gemahlener Pfeffer
80 g Knoblauchsrauke
3 hartgekochte Eier

Die Kartoffeln gründlich abbürsten, waschen, halbieren oder vierteln, mit frischem Wasser aufsetzen und in 20 Minuten gar kochen. Danach abgießen, kalt abschrecken und ausdampfen lassen, pellen und in Scheiben schneiden.

Die Zwiebel schälen und hacken. Öl in einem Topf erhitzen, die Zwiebelwürfel darin glasig andünsten. Mit der Gemüsebrühe ablöschen, Senf, Balsamico und Zucker unterrühren. Das Dressing einige Minuten köcheln lassen, mit Salz und Pfeffer würzen und über die Kartoffelscheiben gießen.

Die Knoblauchsrauke waschen und trocken schütteln. Die Blätter von den Stielen zupfen, die Blüten abzupfen und für die Dekoration beiseitelegen. Die Raukeblätter in feine Streifen schneiden und zum Salat geben. Die Eier pellen, würfeln und ebenfalls zugeben.

Alles gut mischen und 20 Minuten im Kühlschrank durchziehen lassen. Vor dem Servieren mit Salz und Pfeffer abschmecken und mit Knoblauchsraukeblüten dekorieren.

WILDKRÄUTER-OMELETT
MIT RÄUCHERLACHS UND RICOTTA

Alle gesammelten Kräuter, ob einzeln oder gemischt, eignen sich für die Zubereitung dieses Omeletts. Probieren Sie aus, wie sich die Aromen je nach Zusammensetzung verändern! Das Omelett schmeckt ebenso gut ungefüllt, mit Lachs pur oder mit Ricotta pur.

Für 1 Omelett

100 g Wildkräuter (z.B. Brennnessel, Gundermann, Knoblauchsrauke, Giersch, Löwenzahn)
3 Eier
2 EL Milch
Salz, frisch gemahlener Pfeffer
Olivenöl zum Braten
2 Scheiben Räucherlachs
1 EL Ricotta
abgeriebene Schale von 1 Bio-Zitrone

Die Wildkräuter verlesen, waschen, trocken schleudern, von groben Stielen befreien und hacken. Die Eier mit Milch, Salz und Pfeffer verquirlen.

Olivenöl in einer großen beschichteten Pfanne erhitzen. Die Wildkräuter hineingeben und kurz schwenken, bis sie zusammenfallen. Dann zu den verquirlten Eiern geben. Alles verrühren und zurück in die Pfanne gießen. Das Omelett bei geringer Hitze braten, bis die Oberfläche gestockt ist. Dabei ab und zu rütteln, damit es sich vom Pfannenboden löst.

Eine Hälfte des Omeletts mit Lachsscheiben belegen und Ricotta darauf verteilen, die andere Hälfte darüber schlagen. Das Omelett auf einen vorgewärmten Teller gleiten lassen, mit Zitronenabrieb bestreuen und sofort servieren.

WILDKRÄUTER-SALAT
MIT HONIG-SENF-DRESSING

Wir haben ein Salatherz als Grundlage verwendet, der Salat kann natürlich auch nur aus Wildkräutern zubereitet werden. Wenn Sie möchten, können Sie zusätzlich essbare Blüten wie Löwenzahn oder Gänseblümchen mit verarbeiten.

Für 2 Portionen

Für den Salat:
1 Salatherz
2 Handvoll Wildkräuter (z.B. Scharbockskraut, Brennnessel, Knoblauchsrauke, Gundermann, Giersch)
1 Möhre
4–5 Radieschen

Für das Dressing:
2 EL weißer Balsamico
1 TL flüssiger Honig
1 TL Dijon-Senf
Salz, frisch gemahlener Pfeffer
6 EL Olivenöl

Das Salatherz waschen und trocken schleudern. Die Blätter abzupfen. Die Wildkräuter verlesen, von groben Stielen befreien, waschen und trocken tupfen. Die Möhre schälen und zu feinen Julienne schneiden (das geht am besten mit einem Julienne-Schneider). Die Radieschen waschen, putzen und in Scheibchen schneiden.

Für das Dressing den Balsamico mit Honig, Senf, Salz und Pfeffer verrühren. Das Öl esslöffelweise unterschlagen.

Die Salatblätter auf zwei Teller verteilen. Wildkräuter, Möhrenstreifen und Radieschenscheiben darauf anrichten. Alles mit Dressing beträufeln und sofort servieren. Dazu passt knuspriges Landbrot.

Tipp:
Sollten Sie junge Brennnesseltriebe für den Salat verwenden, blanchieren Sie diese ganz kurz, um die Brennhaare zu neutralisieren.

GIERSCH-TARTE

Giersch ist ein Kraut, das vielen Gärtnerinnen und Gärtnern graue Haare wachsen lässt, denn ist es einmal da, wird man es sehr schwer wieder los. Warum also nicht aus der Not eine Tugend machen und die jungen Blätter für diese leckere Tarte verwenden?

Für 1 Tarteform mit 26 cm Ø

Für den Mürbeteig:
200 g Mehl
1 Prise Salz
80 g kalte Butter
3–4 EL Milch

Für den Belag:
3–4 Handvoll junge Gierschblätter
100 g Baconwürfel
1 Knoblauchzehe
1 TL Wein
3–4 Eier
200 g Sahne
125 g geriebener Emmentaler
frisch gemahlener Pfeffer

Außerdem:
Mehl zum Bearbeiten

Für den Teig das Mehl mit dem Salz mischen. Die Butter in Flöckchen hinzufügen. Milch zugeben. Alles schnell zu einem glatten Teig verkneten und zur Kugel formen. In Klarsichtfolie wickeln und für 30 Minuten kalt stellen.

Für den Belag den Giersch von harten Stängeln befreien. Die Blätter waschen, trocken schleudern und hacken. Baconwürfel in einer Pfanne auslassen. Knoblauch schälen und dazupressen. Den gehackten Giersch unterrühren. Alles mit Wein ablöschen und vom Herd nehmen. Die Eier mit Sahne und geriebenem Käse verrühren, pfeffern.

Den Backofen auf 180 °C Ober-/Unterhitze vorheizen. Den Teig auf bemehlter Arbeitsfläche rund ausrollen. Die Tarteform mit Backpapier belegen, mit dem Teig auskleiden, dabei einen Rand hochziehen und diesen gut andrücken. Den Teig mit einer Gabel mehrfach einstechen und im vorgeheizten Backofen 15 Minuten blindbacken und wieder herausnehmen.

Die Gierschmischung auf dem Teigboden verteilen und die Eier-Sahne darübergießen. Die Tarte wieder in den Ofen schieben und ca. 25 Minuten backen. Herausnehmen und lauwarm oder kalt servieren.

WILDKRÄUTER-BUTTER

Eine sehr einfache und schnelle Art, die Wildkräuter-Ernte zu verarbeiten, ist diese Kräuterbutter. Sie schmeckt auf Brot, zu Pellkartoffeln oder zu Gegrilltem. Außerdem kann sie in kleinen Portionen für späteren Genuss wunderbar eingefroren werden.

Für 4 Portionen

6 Bärlauchblätter
6 Löwenzahnblätter
4 Brennnesselspitzen
1 kleine Knoblauchzehe
1/2 TL Meersalz
1/2 TL abgeriebene Bio-Zitronenschale
125 g weiche Butter

Die Wildkräuter verlesen, waschen und trocken tupfen, von groben Stängeln befreien und fein hacken. Knoblauch schälen und mit dem Meersalz im Mörser zu einer Paste verreiben.

Kräuter, Knoblauchsalz und Zitronenschale zur weichen Butter geben. Alles gut vermengen, in ein Schälchen füllen und glatt streichen. Die Oberfläche nach Belieben mit einem Messer verzieren. Die Kräuterbutter bis zum Verzehr kalt stellen.

Tipp:
Die Brennnesseln brauchen für die Kräuterbutter nicht blanchiert zu werden, da die Brennhärchen durch das Fett neutralisiert werden.

WILDKRÄUTER-GNOCCHI
MIT RICOTTA-SAUCE

Wunderbar zart, würzig und saftig werden diese Gnocchi. Sie sind vielleicht nicht schnell, aber doch einfach zuzubereiten und schmecken pur oder als Beilage zu Fleischgerichten.

Für 3-4 Portionen

Für den Teig:
500 g mehlig kochende Kartoffeln
Salz
3 Handvoll Wildkräuter (z.B. Giersch, Löwenzahn, Taubnessel, Gundermann)
50 g Ricotta
1 Ei
180 g Mehl
frisch gemahlener Pfeffer
frisch gemahlene Muskatnuss
Mehl zum Bearbeiten
Butter zum Braten

Für die Sauce:
1/2 Bio-Zitrone
200 g Ricotta
1 Handvoll gehackte Wildkräuter (wie oben)
Salz, frisch gemahlener Pfeffer

Die Kartoffeln schälen, waschen, vierteln und in kochendem Salzwasser 20 Minuten garen. Abgießen und stampfen oder durch die Kartoffelpresse drücken.

Die Kräuter waschen, trocken tupfen und mit dem Ricotta und dem Ei fein pürieren. Die Mischung mit dem Mehl und der Kartoffelmasse zu einem weichen Teig verarbeiten und mit Salz, Pfeffer und Muskat würzen. Aus dem Teig daumendicke Rollen formen und in 1 cm breite Stücke schneiden. Die Gnocchi mit Mehl bestäuben und mit einer Gabel ein Muster eindrücken.

Reichlich Salzwasser zum Kochen bringen und die Gnocchi portionsweise hineingeben. Sie sind gar, wenn sie an die Oberfläche steigen und dort noch etwa 1 Minute weiter garen. Herausheben und so weiter verfahren, bis alle Gnocchi gar sind. Vom Kochwasser ca. 100 ml aufheben.

Für die Sauce die Zitrone auspressen und die Schale abreiben. Ricotta mit Gnocchi-Kochwasser verrühren und in einem Topf erhitzen. Wildkräuter zugeben. Alles pürieren und mit Salz, Pfeffer und Zitronensaft und -schale würzen.

Butter in einer Pfanne erhitzen, die abgetropften Gnocchi darin schwenken und mit der Ricotta-Sauce servieren.

WILDKRÄUTER-FOCACCIA
MIT BLÜTEN-DEKO

Focaccia ist ein fluffiges, saftiges Party-Brot, das sich mit vielen verschiedenen Zugaben backen lässt. Diese hübsch dekorierte Variante eignet sich besonders als Mitbringsel oder Buffet-Beitrag, der garantiert Aufmerksamkeit erregen wird!

Für 1 Focaccia

250 g Mehl
1/2 Päckchen Trockenhefe
1/2 TL Zucker
150 ml lauwarmes Wasser
25 ml Olivenöl
1 TL Salz
3 EL gehackte Wildkräuter (z.B. Bärlauch, Giersch, Brennnessel, Löwenzahn)
einige Kräuterstängel und grobes Meersalz für die Dekoration
Blüten zum Bestreuen (z.B. Gundermann, Taubnessel, Löwenzahn, Gänseblümchen)

Das Mehl in eine Schüssel geben und eine Mulde hineindrücken. Die Hefe und den Zucker in lauwarmem Wasser auflösen und in die Mulde gießen. Olivenöl, Salz und gehackte Kräuter zugeben und alles zu einem geschmeidigen Teig verarbeiten. Den Teig abgedeckt an einem warmen und zugfreien Ort 1 Stunde gehen lassen, bis er ungefähr das doppelte Volumen hat.

Den Backofen auf 200 °C Ober-/Unterhitze vorheizen. Ein Backblech mit Backpapier auslegen. Den Teig zu einem ovalen Fladen formen und auf das Blech legen. Die Kräuterstängel waschen, trocken tupfen, dekorativ auf der Oberfläche anordnen und andrücken. Den Teigfladen mit Meersalz bestreuen und im vorgeheizten Ofen auf der zweiten Schiene von unten 25 Minuten backen.

Die Focaccia herausnehmen, etwas abkühlen lassen und mit Blüten bestreut servieren. Sie schmeckt gut zu Salaten oder Gegrilltem.

PASTA
MIT GEBRATENEN HOPFENSPROSSEN

Die köstlichen Sprossen haben einen angenehmen Geschmack, der oft mit Spargel verglichen wird, aber doch ganz anders ist. Es werden nur die obersten 10 cm der Triebe geerntet, darunter werden die Stängel zunehmend härter.

Für 2–3 Portionen

250 g Pasta (z.B. Spaghetti)
Salz
100 g Hopfensprossen
1 Knoblauchzehe
Olivenöl zum Braten
2 Handvoll gehackte Nüsse (z.B. gesalzener Nussmix)
frisch gemahlener Pfeffer
20 g gehobelter Pecorino (oder Parmesan)
frisch gepflückte Gänseblümchenblüten für die Dekoration

Die Pasta in kochendem Salzwasser nach Packungsanweisung bissfest garen, abgießen und abtropfen lassen.

Die Hopfensprossen waschen und mit kochendem Wasser überbrühen. Die Knoblauchzehe schälen und hacken.

Olivenöl in einer großen Pfanne erhitzen, Knoblauch und gehackte Nüsse darin anbraten. Die abgetropften Hopfensprossen zugeben und einige Minuten mitbraten. Mit Salz und Pfeffer würzen.

Die Pasta zugeben und alles gut mischen. Auf Teller verteilen und mit Käsespänen und gewaschenen Gänseblümchenblüten dekoriert servieren.

HOLUNDERBLÜTEN-SIRUP

Holunderblüten duften intensiv aromatisch. Ein Schlückchen Sirup kann mit Sekt oder Prosecco aufgegossen werden (Hugo), oder einfach mit Mineralwasser. In kleinen Fläschchen abgefüllt und mit einem hübschen Etikett versehen, ist Holunderblüten-Sirup ein tolles Mitbringsel aus der eigenen Küche.

Für 2 Flaschen à 0,75 l

12–15 Holunderblütendolden
1,2 kg Zucker
1 Bio-Zitrone
30 g Zitronensäure (6 Päckchen)

Die Holunderblütendolden pflücken und, wenn nötig, kurz in kaltem Wasser schwenken. Den Stiel knapp über der Dolde abschneiden.

Den Zucker mit 1,5 l Wasser in einen Topf geben, aufkochen und 10 Minuten kochen lassen. Vom Herd nehmen und lauwarm abkühlen lassen.

Die Zitrone heiß abwaschen und in Scheiben schneiden. Die Blütendolden in eine große Schüssel geben, die Zitronenscheiben darauf verteilen und die Zitronensäure darüberstreuen. Das Ganze mit dem Zuckersirup übergießen, abdecken und mindestens 48 Stunden im Kühlschrank durchziehen lassen.

Danach die Flüssigkeit durch ein sauberes Tuch in einen Topf seihen, erneut aufkochen und einige Minuten kochen lassen. Vorsichtig in vorbereitete, mit kochendem Wasser ausgespülte Flaschen füllen, gut verschließen und abkühlen lassen. Der Sirup hält sich im Kühlschrank mehrere Monate.

Tipp:
Am besten verwenden Sie Flaschen mit Bügelverschluss und Dichtungsring.

HOLLERKÜCHLE
IN BIERTEIG

In manchen Gegenden ist dieses Dessert ein Klassiker und wird sogar in Restaurants als jahreszeitliche Spezialität angeboten. Die dickeren Blütenstiele werden allerdings nicht mitgegessen, sie dienen nur dem „Zusammenhalt“ des Gebäcks.

Für 4 Portionen

Für den Bierteig:
100 ml Dunkelbier
5 EL Mehl
3 Eier
1 Prise Salz
1 Prise Zucker

Außerdem:
8 Holunderblüten
Fett zum Frittieren
50 g Zucker
25 g Zimt
Puderzucker zum Bestäuben

Für den Bierteig Dunkelbier mit Mehl, Eiern, Salz und Zucker zu einem dünnen Teig verrühren.

Die Holunderblüten frisch schneiden, dabei ca. 10 cm Stiel an der Dolde lassen. Die Blüten ausschütteln. Das Frittierfett erhitzen, bis an einem hineingehaltenen Holzstäbchen Bläschen aufsteigen.

Die Holunderblütendolden am Stiel fassen, in den Bierteig tauchen und darin wenden. Dann 4–5 Minuten im heißen Fett goldbraun ausbacken. Dabei den Stiel einige Male etwas nach unten stupsen, damit sich die Blütendolden öffnen und schön ausbreiten. Herausnehmen, sobald das Fett zu spritzen beginnt, und die Hollerküchle auf Küchenpapier abtropfen lassen.

Zimt und Zucker mischen, die Holunderblüten damit bestreuen. Mit Puderzucker bestäuben und servieren.

LÖWENZAHN-HONIG

Im Frühjahr gibt es immer diesen Moment, wo manche Wiesen gelb von Löwenzahn sind. Das ist die richtige Zeit, um Löwenzahn-Honig herzustellen, denn 200 Blüten sind dann ruckzuck gepflückt. Mit dem Honig kann man hervorragend süßen, kochen oder backen. Genau genommen handelt es sich natürlich gar nicht um Honig, sondern um Sirup …

Für 4 Gläser à 250 ml

200 Löwenzahnblüten, nur die Köpfe
1 Bio-Zitrone
1 kg Zucker

An einem trockenen Tag die Löwenzahnblüten pflücken, in ein Sieb geben und unter fließendem Wasser waschen. Die Zitrone waschen, längs halbieren und quer in dünne Scheiben schneiden. Blüten und Zitronenscheiben in einen ausreichend großen Topf geben und mit 1 l Wasser bedecken. Alles zum Kochen bringen und 15 Minuten köcheln lassen. Dann vom Herd nehmen und über Nacht durchziehen lassen.

Am nächsten Tag ein Sieb mit einem sauberen Küchentuch auslegen. Das Löwenzahnblütenwasser hindurchgießen. Die aufgefangenen Blüten im Tuch gut ausdrücken.

Die Flüssigkeit mit dem Zucker in einen Topf geben und zum Kochen bringen. So lange köcheln lassen, bis der Sirup Fäden zieht und die dunkle Farbe von Waldhonig angenommen hat. Vorsicht, gegen Ende wird er schnell zu dunkel!

Den Honig heiß in saubere Schraubgläser füllen und bis zur Verwendung dunkel und kühl lagern. Er schmeckt z.B. auf Knäckebrot mit Frischkäse, kann aber auch zum Süßen von Tee oder Desserts verwendet werden.

LÖWENZAHN-FRISÉE-SALAT
MIT LINSEN

Junge Löwenzahnblätter eignen sich gut für einen frischen Frühlingssalat, der durch die Linsen zudem noch sättigend ist. Auch die Blätter von Giersch, Bärlauch oder Knoblauchsrauke können für diesen Salat verwendet werden.

Für 4 Portionen als Vorspeise oder Beilage oder für 2 Portionen als Hauptgericht

Für den Salat:
100 g Pardina-Linsen
250 g Kirschtomaten
1 rote Zwiebel
100 g junge Löwenzahnblätter
1/2 Kopf Friséesalat

Für das Dressing:
4 EL Olivenöl
3 EL Apfelessig
1 EL weißer Balsamico
Salz, frisch gemahlener Pfeffer

Für den Salat die Linsen nach Packungsanweisung ohne Salz garen und in einem Sieb abtropfen lassen.

Aus Olivenöl, Apfelessig, Balsamico, Salz und Pfeffer ein Dressing rühren, mit den abgetropften Linsen vermischen und ziehen lassen.

Die Kirschtomaten halbieren. Die Zwiebel schälen und in feine Ringe schneiden. Löwenzahn und Friséesalat waschen und trocken schleudern. Beides kleinzupfen oder -schneiden.

Die Blattsalate mit Kirschtomaten und Zwiebelringen in einer Schüssel mischen. Auf Teller verteilen und die Linsen darauf anrichten. Dazu passt kerniges Brot.

Tipp:
Wer möchte, hobelt zusätzlich etwas Parmesankäse über den fertigen Salat.

WALDMEISTER-PANNACOTTA
MIT ERDBEERSAUCE

Die fruchtige Süße der Erdbeeren und das feine Aroma des Waldmeisters bilden zusammen ein echtes Dream-Team. Der perfekte Ausklang zu einem italienischen Frühlingsmenü.

Für 6 Portionen

Für die Pannacotta:
300 ml Sahne
300 ml Milch
100 g Zucker
1 Päckchen Bourbon-Vanille-Zucker
1 Päckchen gemahlene Gelatine
1 Sträußchen Waldmeister, angewelkt

Für die Erdbeersauce:
500 g Erdbeeren
3–4 EL Zucker

Außerdem:
Zitronenmelisseblättchen für die Dekoration

Sahne und Milch in einen Topf geben, Zucker und Vanillezucker unterrühren und alles zum Kochen bringen. Die Gelatine nach Packungsanweisung mit 4-6 EL kaltem Wasser quellen lassen. Waldmeister abspülen. Wenn die Sahne-Milch kocht, vom Herd nehmen, den Waldmeister einlegen, einen Deckel auflegen und das Ganze 30 Minuten ziehen lassen.

Danach den Waldmeister entfernen und die Gelatine in die Sahnemischung rühren, bis sie sich aufgelöst hat. Die Masse durch ein feines Sieb in 6 kalt ausgespülte Förmchen gießen. Im Kühlschrank vollständig abkühlen und fest werden lassen. Das dauert ca. 6 Stunden.

Für die Sauce die Erdbeeren putzen, klein schneiden, mit dem Zucker mischen und pürieren.

Die Pannacotta auf Teller stürzen. Dafür eventuell die Förmchen kurz in heißes Wasser tauchen. Mit Erdbeersauce umgießen und mit Zitronenmelisseblättchen garniert servieren.

Tipp:
Waldmeister sammelt man am besten vor der Blüte. Leicht angewelkt entwickelt er das meiste Aroma!

WALDMEISTER-BOWLE
MIT ERDBEEREN

Die klassische Maibowle schmeckt am besten mit kleinen, reifen und frisch gepflückten Erdbeeren. Stellen Sie Zahnstocher oder kleine Spießchen bereit, damit sich Ihre Gäste die süßen Früchtchen aus dem Glas picken können!

Für 12 Portionen

1 Flasche Weißwein (Riesling)
1 Flasche Sekt (Riesling)
8 Stängel Waldmeister (ohne Blüten)
200 g Erdbeeren

Am Vortag Weißwein und Sekt kalt stellen. Waldmeisterstängel zusammenbinden und über Nacht welken lassen (oder kurz ins Eisfach legen). Dadurch entfaltet sich das typische Aroma.

Am nächsten Tag den Weißwein in eine weithalsige Flasche füllen. Die Waldmeisterstängel kopfüber hineinhängen, sodass die Schnittstellen außerhalb der Flüssigkeit bleiben, und 30 Minuten ziehen lassen (nicht länger, sonst gibt's Kopfweh). Danach entfernen.

Inzwischen die Erdbeeren putzen und halbieren oder vierteln. Mit dem aromatisierten Wein übergießen. Den Sekt dazugießen und die Bowle sofort servieren.

BLAUBEER-PFANNKUCHEN
MIT ZIMTZUCKER

Im Gegensatz zu Kulturheidelbeeren färben wild wachsende Blaubeeren Zunge und Zähne kräftig blau– haben Sie das gewusst? Als Hilfsmittel zum Sammeln fertigen sich manche Pflückbegeisterte sogenannte Blaubeerkämme oder Raffeln an, mit denen man die Beeren einfach abstreift.

Für 4 Pfannkuchen

2 Eier
1/2 TL Salz
200 g Mehl
400 ml Milch
ca. 100 g Blaubeeren
Öl zum Braten
Zimtzucker zum Bestreuen

Die Eier mit Salz, Mehl und Milch in einer Schüssel glatt rühren. Den Teig 10 Minuten ruhen lassen. Die Blaubeeren verlesen, waschen und trocken tupfen.

Öl in einer beschichteten Pfanne erhitzen und eine Kelle Teig hineingeben. Die Pfanne schwenken, damit er sich gleichmäßig verteilt. 3–4 EL Blaubeeren auf dem Teig verteilen, so lange er noch flüssig ist.

Den Pfannkuchen von einer Seite braun backen, dann wenden und von der anderen Seite backen. Auf einen Teller gleiten lassen, dabei zusammenklappen, mit Zimtzucker bestreuen und sofort genießen.

Tipp:
Alternativ kochen Sie die Blaubeeren mit Zimt und Zucker zu Kompott, geben etwas davon auf einen fertigen Pfannkuchen und rollen diesen zusammen.

BLAUBEER-SMOOTHIE
MIT JOGHURT UND BANANE

Blaubeeren stärken das Immunsystem, wirken entzündungshemmend, sind gut für den Kreislauf und sollen sogar Anti-Aging-Funktion haben. Eine echte Super-Beere! Die tägliche Menge sollte 100 g nicht übersteigen, da eine höhere Menge ungünstig für den Organismus ist.

Für 2 Portionen

1 Banane
200 g Blaubeeren
140 g Joghurt
1 TL Vanille-Extrakt
100 ml Milch
1 EL Ahornsirup
Saft von 1/2 Zitrone
Zitronenmelisse-Blättchen für die Dekoration

Die Banane schälen und in Stücke schneiden. Die Blaubeeren waschen und verlesen.

Banane, Blaubeeren, Joghurt, Vanille-Extrakt, Milch, Ahornsirup und Zitronensaft im Standmixer oder mit dem Pürierstab pürieren und schaumig aufschlagen.

Den Smoothie in passende Gläser füllen, mit Zitronen-Melisse dekorieren und servieren.

Tipp:
Der Smoothie oxidiert schnell und verliert dadurch seine intensive Farbe, daher am besten sofort genießen.

GRIESSNOCKEN
MIT HOLUNDERSAUCE

Ein einfaches Dessert, in das man sich – wie man so schön sagt – hineinlegen kann! Zitronige Grießnocken und herb-fruchtige Holunderbeeren vermählen sich zu einem Feuerwerk der Aromen. Bei Zusammensetzung und Menge der Früchte für die Sauce darf experimentiert werden!

Für 6 Portionen

Für die Grießmasse:
500 ml Milch
1 Prise Salz
Schale von 1 Bio-Zitrone
70 g Weichweizen-Grieß
1 Ei
90 g Zucker

Für die Holundersauce:
300 g abgerebelte Holunderbeeren
100 g Brombeeren
1 Birne
1/8 l Portwein
30 g Zucker
1 Prise Zimt

Außerdem:
Zitronenzesten für die Dekoration

Für die Grießmasse die Milch mit dem Salz und der als Spirale abgeschälten Zitronenschale in einem Topf zum Kochen bringen. Den Grieß einrieseln lassen und den Brei 8 Minuten sanft köcheln lassen. Dann vom Herd nehmen und abkühlen lassen. Die Zitronenschale entfernen.

Das Ei trennen. Das Eigelb mit der Hälfte des Zuckers verquirlen und unter den Brei rühren. Das Eiweiß mit dem restlichen Zucker zu steifem Schnee schlagen und unterheben. Die Grießmasse für 2 Stunden kalt stellen.

Inzwischen die Holunderbeeren und Brombeeren verlesen. Die Birne schälen, vierteln, vom Kerngehäuse befreien, klein schneiden. Die vorbereiteten Früchte in einen Topf geben. Portwein, Zucker und Zimt zufügen. Alles zum Kochen bringen und 10 Minuten köcheln lassen. Die Sauce durch die feine Scheibe der flotten Lotte drehen, um die Kerne aus den Holunder- und Brombeeren weitgehend zu entfernen.

Die Holundersauce warm oder kalt auf Dessertteller verteilen. Aus der Grießmasse mit Hilfe von zwei Löffeln Nocken formen und je 4 Stück auf dem Saucenspiegel anrichten. Mit Zitronenzesten dekoriert servieren.

SCHICHT-DESSERT MIT KORNELKIRSCHEN
UND HASELNUSS-KROKANT

Kornelkirschen fallen meist unbeachtet vom Baum, dabei sind sie süß, saftig und geschmacklich der echten Kirsche recht ähnlich.

Für 6 Portionen

Für das Kornelkirschen-Mus:
400 g Kornelkirschen
100 ml Apfelsaft
100 g Zucker

Für die Vanille-Creme:
250 ml Milch
1/2 Päckchen Vanille-Puddingpulver
250 g Magerquark
2 EL Puderzucker

Für den Haselnuss-Krokant:
1 Handvoll Haselnusskerne
1 EL brauner Zucker

Für das Kornelkirschen-Mus die Früchte waschen und mit Apfelsaft und Zucker in einen Topf geben. Zum Kochen bringen und 10 Minuten köcheln lassen. Dann das Kompott durch die grobe Scheibe der flotten Lotte drehen, um die Steine zu entfernen. Abkühlen lassen.

Aus Milch und Puddingpulver nach Packungsanweisung einen Pudding kochen. Den Magerquark mit dem Puderzucker süßen und den abgekühlten Pudding unterrühren.

Für den Haselnusskrokant die Nüsse grob hacken. Den Zucker mit 2 EL Wasser in einer Pfanne erhitzen. Die gehackten Nüsse zugeben und so lange rühren, bis das Wasser verdampft ist und der Zucker sich als karamellisierte Schicht um die Nüsse gelegt hat. Den Krokant auf einem Stück Backpapier abkühlen lassen, dann hacken.

Die Vanille-Creme und das Kornelkirschen-Mus abwechselnd in Dessert-Gläser füllen, bis beides aufgebraucht ist. Mit Haselnuss-Krokant bestreut servieren.

Tipp:
Sie können das Dessert gut vorbereiten und bis zur Verwendung im Kühlschrank aufbewahren. Den Krokant erst kurz vor dem Servieren darüber streuen.

BROMBEER-KONFITÜRE

Ein Highlight auf dem Frühstückstisch! Lästig bei Brombeeren sind die Samen, die gerne in den Zähnen stecken bleiben. Also werden Brombeeren oft zu Gelee verarbeitet. Dabei ist es schade um das leckere Fruchtfleisch! Also versuchen wir, die Kerne soweit wie möglich herauszufiltern. Das geht am besten mit der flotten Lotte.

Für ca. 5 Gläser

1 kg Brombeeren
ca. 1 kg Gelierzucker 1:1
Saft von 1 Zitrone

Die Brombeeren verlesen, kalt abspülen und mit 100 ml Wasser 5 Minuten kochen. Das Kompott danach zweimal durch die flotte Lotte drehen, dabei erst die grobe, dann die feine Scheibe verwenden. So bleiben die meisten der lästigen Kernchen darin hängen.

Das Mus abwiegen, mit der gleichen Menge Gelierzucker und dem Zitronensaft in einen großen Topf geben und mit einem Holzlöffel gut verrühren. Zum Kochen bringen und 4 Minuten sprudelnd kochen lassen. Dann kochend heiß in saubere, heiß ausgespülte Schraubgläser füllen, sofort verschließen und für einige Minuten auf den Kopf stellen.

Tipp:
Verwenden Sie nur einwandfreie Früchte für die Konfitüre und lassen Sie beim Einfüllen Sorgfalt walten, damit sich kein Schimmel bilden kann.

KAISERSCHMARRN
MIT BROMBEEREN

Das typisch österreichische Wohlfühl-Dessert wird außer mit Rosinen und Apfelröster gerne auch mit Brombeeren zubereitet. Wenn Sie vier Portionen zubereiten möchten, verdoppeln Sie einfach die Zutaten, backen zwei Pfannkuchen und halten den ersten im Ofen warm!

Für 2 Portionen

Für das Kompott:
300 g Brombeeren
80 ml Rotwein
3 EL Zucker
1/2 TL Zimt
1 TL Speisestärke bei Bedarf

Für den Kaiserschmarrn:
3 Eier
1 Prise Salz
125 ml Milch
1 EL Puderzucker
125 g Mehl
Butter zum Backen

Außerdem:
Puderzucker zum Bestäuben

Für das Kompott die Brombeeren verlesen und waschen. Den Wein mit Zucker und Zimt etwa 5 Minuten in einem Topf einkochen. Die Brombeeren zugeben und einmal aufkochen lassen. Sollte das Kompott noch zu flüssig sein, mit wenig Speisestärke andicken. Warm stellen.

Für den Schmarrn die Eier trennen. Die Eiweiße mit Salz zu Schnee schlagen. Die Eigelbe mit Milch, Puderzucker und Mehl glatt rühren. Den Eischnee unterheben.

In einer großen beschichteten Pfanne Butter erhitzen. Den Teig hineingeben und bei mittlerer Hitze etwa 5 Minuten zugedeckt backen, bis die Unterseite fest ist. Den Pfannkuchen wenden und weitere 3 Minuten backen.

Den Kuchen mit einer Teigkarte oder dem Pfannenwender in mundgerechte Stücke teilen. Den Schmarrn unter Rühren goldbraun braten, dafür eventuell noch etwas Butter zugeben. Den fertigen Kaiserschmarrn auf Teller verteilen, mit reichlich Puderzucker bestäuben und mit dem warmen Brombeerkompott servieren.

Tipp:
Wenn Kinder mitessen, statt Wein Trauben- oder Brombeersaft verwenden!

VOGELBEER-BIRNEN-GELEE

Vogelbeeren ergeben eine üppigere Ernte als die meisten Wildfrüchte. Allerdings schmecken sie auch nach dem Einfrieren noch etwas bitter. Also sind Vogelbeer-Rezepte vor allem dann etwas für Sie, wenn Sie z.B. auch ein Fan von englischer Orangenmarmelade oder Aperol-Spritz sind.

Für 4–5 Gläser

500 g Vogelbeeren (verlesen)
500 g Birnen
Saft von 1/2 Zitrone
1 kg Gelierzucker 1:1

Am Vortag die Vogelbeer-Dolden waschen, die Beeren abzupfen, 500 g abwiegen und über Nacht einfrieren.

Am nächsten Tag die Birnen schälen, vierteln, vom Kerngehäuse befreien und zusammen mit den Vogelbeeren, dem Zitronensaft und 400 ml Wasser in einen Topf geben. Alles zusammen aufkochen und 15 Minuten kochen lassen. Danach vom Herd nehmen und 2 Stunden stehen lassen.

Den Topfinhalt durch ein Mull- oder Nusstuch abseihen. 750 ml abmessen und mit dem Gelierzucker in einem großen Topf mischen. Die Mischung zum Kochen bringen und 4 Minuten sprudelnd kochen lassen. Dann in ausgekochte Schraubgläser füllen und sofort verschließen. Die Gläser für einige Minuten auf den Kopf stellen.

Tipp:
Das rosafarbene Gelee hält sich mindestens 1 Jahr. Angebrochene Gläser im Kühlschrank aufbewahren.

VOGELBEER-CHUTNEY
MIT TOMATEN

Vogelbeer-Chutney schmeckt zu gegrilltem oder gebratenem Fleisch wie Geflügel, Lamm oder Wild. Sie können auch einige Esslöffel davon in Saucen von Schmorgerichten oder in ein Hähnchen-Curry rühren.

Für 2 Gläser à 150 ml

200 g Vogelbeeren (verlesen)
2 Zwiebeln
2 Tomaten
1 rote Spitzpaprika
200 ml weißer Balsamico
Saft von 1/2 Zitrone
1 EL Rosinen
1 Stange Zimt
2 getrocknete Chilischoten
1 TL Senfsaat
3/4 TL Salz
5 Pfefferkörner
50 g Gelierzucker 1:1

Am Vortag die Vogelbeer-Dolden waschen. Die Beeren von den Dolden zupfen, 200 g abwiegen und über Nacht einfrieren.

Am nächsten Tag die Zwiebeln schälen und grob hacken. Die Tomaten vierteln, vom Stielansatz befreien und klein schneiden. Die Spitzpaprika putzen und klein würfeln.

Die Vogelbeeren zusammen mit Zwiebeln, Tomaten und Spitzpaprika in einen großen Topf geben. Essig, Zitronensaft, Rosinen, Zimt, Chili, Senfsaat, Salz und Pfeffer zugeben.

Die Mischung zum Kochen bringen und 40 Minuten sanft köcheln lassen, dabei immer wieder mit einem Holzlöffel rühren. Zum Schluss den Gelierzucker unterrühren und weitere 5 Minuten kochen.

Die Zimtstange entfernen, das Chutney in heiß ausgespülte Schraubgläser füllen und den Deckel aufsetzen.

Tipp:
Das Chutney ist hält sich verschlossen bis zu 1 Jahr und ist auch angebrochen im Kühlschrank lange haltbar, da Zucker und Essig es hervorragend konservieren.

HAGEBUTTEN-KONFITÜRE

Die Früchte von Hundsrosen (Bild) und Kartoffelrosen können gleichermaßen zu Konfitüre verarbeitet werden. Die Hagebutten der Kartoffelrose sind dicker und fleischiger als die der Hundsrose. Etwas Geduld erfordert die Vorbereitung der Früchte und das Aussieben der Kerne.

Für 2–3 Gläser

850 g Hagebutten
100 ml Apfelsaft
500 g Gelierzucker 1:1

Die Blüten und Stiele der Hagebutten abschneiden. Die Früchte waschen, in einem Topf knapp mit Wasser bedeckt zum Kochen bringen und in ca. 15 Minuten weich kochen.

Das Kompott am besten zweimal durch die flotte Lotte drehen, um alle Kerne zu entfernen, einmal durch die grobe und einmal durch die feine Scheibe.

Von dem Mus 400 g abwiegen und mit dem Apfelsaft und dem Gelierzucker in einem hohen Topf verrühren. Zum Kochen bringen und 4 Minuten sprudelnd kochen lassen.

Die Konfitüre in vorbereitete, heiß ausgespülte Schraubgläser füllen, sofort verschließen und für einige Minuten auf den Kopf stellen.

Tipp:
Die Hagebuttenkerne können im warmen Ofen oder an der Luft getrocknet und gemahlen werden. Hagebuttenmehl gilt als Geheimtipp gegen Arthrose und kann, geröstet, außerdem als Kaffee-Ersatz verwendet werden.

SÜSSE HAGEBUTTEN-SUPPE
NACH OMAS ART

Diese leckere und vitaminreiche Suppe war früher bei Kindern beliebt, ist aber in Vergessenheit geraten. Praktisch denkende Hausfrauen kochten das preisgünstige Gericht aus den Hagebutten, die die Kinder zuvor an Hecken und Wegen gesammelt hatten.

Für 4 Portionen

500 g Hagebutten
80 g Zucker
1 Prise Salz
Saft von 1 Orange
Sahne für die Dekoration

Von den Hagebutten die schwarzen Köpfchen und die Stiele abschneiden. Die Früchte waschen, halbieren und mit 1 l kaltem Wasser in einem Topf zum Kochen bringen. Die Früchte bei mittlerer Hitze in 10–15 Minuten weich kochen. Das Kompott zweimal durch die flotte Lotte drehen, erst durch die grobe, dann durch die feine Scheibe.

Das entstandene Mus erneut in einen Topf geben und mit Zucker und Salz aufkochen lassen. Den Orangensaft zugießen, alles gut verrühren und auf Teller verteilen. Die heiße Suppe mit Sahne garnieren und sofort genießen.

Tipp:
Die Kerne der Hagebutten haben Härchen, die bei dieser Zubereitung im Mus bleiben. Wer die Härchen lieber entfernen möchte und ganz viel Zeit hat, löst die Kerne vor dem Kochen aus den halbierten Früchten.

SCHLEHENLIKÖR

Wenn Sie schon immer einmal einen Aufgesetzten selbst herstellen wollten, probieren Sie dieses Rezept mit den Früchten des Schlehdorns. Die dicken, blauen Beeren wachsen an manchen Standorten geradezu massenhaft. Roh sind sie nicht genießbar, aber zu Likör verarbeitet ein Gedicht. Ein schönes Mitbringsel noch dazu!

Für 1 Flasche von 0,75 l

250 g Schlehen
250 g Kandis
500 ml Korn, 40 Vol.-%

Die Schlehen, wenn sie noch keine Nachtfröste abbekommen haben, für ein paar Stunden oder über Nacht ins Gefrierfach legen. Dann waschen, von den Stielen befreien und in ein weites, verschließbares Glasgefäß füllen. Den Kandis hinzufügen, den Korn angießen, das Gefäß verschließen und gut schütteln.

Das Glas für 6 Wochen an einen sonnigen Fensterplatz stellen und den Inhalt immer wieder kräftig durchschütteln. Den fertigen Likör durch ein Tuch oder Küchenpapier seihen und in eine dekorative Flasche umfüllen.

Tipp:
Auch die „besoffenen“ Früchtchen dürfen probiert werden!

HASELNUSS-BUSSERL
MIT HAGEBUTTEN-KONFITÜRE

Für die Busserl können Sie neben selbst gesammelten Haselnüssen auch noch selbst gemachte Hagebutten-Konfitüre verarbeiten! Natürlich eignen sich auch andere rote Konfitüren oder Gelees. Haselnuss-Busserl schmecken nicht nur zur Weihnachtszeit zu einer schönen Tasse Tee.

Für ca. 100 Stück

Für den Teig:
300 g Mehl
1/2 Päckchen Backpulver
200 g gemahlene Haselnüsse
125 g Puderzucker
1 Päckchen-Vanillezucker
1 Prise Salz
1 Msp. Zimt
200 g weiche Butter
2 Eier

Außerdem:
Mehl zum Bearbeiten
Puderzucker zum Bestäuben
ca. 100 g Hagebutten-konfitüre (Rezept S. 87)

Für den Teig das Mehl mit Backpulver, gemahlenen Haselnüssen, gesiebtem Puderzucker, Vanillezucker, Salz und Zimt in einer Schüssel mischen. Die Butter in Stückchen dazugeben und zusammen mit den Eiern einarbeiten. Den recht weichen und klebrigen Teig zur Kugel formen und zugedeckt für 20 Minuten kalt stellen.

Den Backofen auf 180 °C Ober-/Unterhitze vorheizen. Den Teig portionsweise mit bemehlten Händen zu einer Rolle von ca. 2,5 cm Durchmesser formen. Etwa ebenso breite Stücke davon abschneiden und zu Kugeln formen. Die Kugeln auf ein mit Backpapier ausgelegtes Blech setzen und mit einem Kochlöffelstiel Kuhlen hineindrücken. Die Busserl im vorgeheizten Backofen 15 Minuten backen. Dann herausnehmen und mit Puderzucker bestäuben.

Die Konfitüre leicht erwärmen und glatt rühren. In jede Kuhle mithilfe eines kleinen Löffels etwas Konfitüre füllen. Die Busserl vollständig abkühlen lassen und bis zum Verzehr in einer Blechdose aufbewahren.

HASELNUSS-SPAGHETTI
MIT PARMESAN

Haselnüsse eignen sich auch für herzhafte Gerichte! Die frischen Kerne sind saftig und aromatisch. Abgesehen vom Knacken und Reiben der Nüsse, sind die Spaghetti im Handumdrehen zubereitet.

Für 2–3 Portionen

300 g Spaghetti
100 g Haselnusskerne
2 EL Butter
200 ml Sahne
Salz, frisch gemahlener Pfeffer
40 g geriebener Parmesan
gehackte Haselnusskerne für die Dekoration

Die Spaghetti in kochendem Salzwasser nach Packungsanweisung bissfest garen.

Die Haselnusskerne mit Hilfe einer Mandelmühle fein reiben. Butter in einer Pfanne erhitzen, die geriebenen Nüsse darin anrösten, bis sie duften. Die Sahne zugießen und die Sauce mit Salz und Pfeffer würzen.

Die fertigen Spaghetti abgießen, abtropfen lassen und zur Sauce in die Pfanne geben. Alles gut miteinander vermischen.

Die Haselnuss-Spaghetti auf Teller verteilen und mit geriebenem Parmesan und gehackten Haselnusskernen bestreut servieren.

GEMÜSESUPPE
MIT MEERRETTICH UND APFEL

Frischer Meerrettich und Apfel sorgen für eine raffinierte Note bei dieser einfachen Gemüsesuppe. Wer die frische Schärfe der selbst gesammelten Wurzel besonders mag, kann die Meerrettich-Menge verdoppeln. Die Suppe ist ein gelungener Auftakt für ein Herbst-Menü.

Für 4 Portionen

Für die Suppe:
1 Schalotte
200 g Möhren
300 g Kartoffeln
30 g Butter
1 l Gemüse- oder Rinderbrühe (instant)
10 g Meerrettichwurzel
1 Apfel
100 g Crème fraîche
100 ml Apfelsaft
Salz, frisch gemahlener Pfeffer

Für die Dekoration:
Möhren-Julienne
gehackte Petersilie
frisch geriebener Meerrettich

Schalotte, Möhren und Kartoffeln schälen und würfeln. Butter in einem Topf erhitzen und die Gemüsewürfel darin anschwitzen. Die Brühe angießen und die Suppe 15 Minuten köcheln lassen.

Inzwischen den Meerrettich schälen und reiben. Den Apfel schälen, vierteln, vom Kerngehäuse befreien und ebenfalls reiben.

Meerrettich und Apfel in den Topf geben, die Suppe pürieren. Crème fraîche und Apfelsaft unterrühren. Alles mit Salz und Pfeffer würzen.

Die Suppe auf Teller oder Schalen verteilen und mit Möhren-Julienne, Petersilie und frisch geriebenem Meerrettich bestreut servieren.

QUITTEN-MUFFINS
MIT WALNUSS-KNUSPER

Mit dem übriggebliebenen Quitten-Kochsud können Sie Quarkspeisen oder Joghurt süßen. Oder Sie kochen weitere Quitten darin zu Kompott. Oder, falls Sie sowieso gerade Quittengelee herstellen wollten, geben Sie ihn zum zu verarbeitenden Saft.

Für 1 Muffinblech mit 12 Mulden

Für die Quitten:
300 g Quitten
150 ml Apfelsaft
50 g Zucker
1 Päckchen Bourbon-Vanillezucker

Für den Walnussknusper:
50 g gehackte Walnusskerne
1 EL Puderzucker

Für den Teig:
80 g Butter
200 g Crème fraîche
2 Eier
100 g Zucker
200 g Mehl
2 geh. TL Backpulver

Außerdem:
Muffin-Papierförmchen

Die Quitten gut abreiben, schälen, vierteln, vom Kerngehäuse befreien und in Spalten schneiden. Apfelsaft, Zucker und Vanillezucker in einem kleinen Topf zum Kochen bringen. Die Quitten darin in 8 Minuten weich dünsten. Vom Herd nehmen und im Saft abkühlen lassen. Quitten in ein Sieb abgießen und abtropfen lassen. Den Sud auffangen und anderweitig verwenden.

Für den Walnussknusper die Walnusskerne mit Puderzucker mischen.

Für den Teig die Butter schmelzen und wieder abkühlen lassen. Crème fraîche mit Eiern und Zucker verrühren. Mehl und Backpulver mischen. Die Mehlmischung und die Butter zügig unter die Crème-fraîche-Masse rühren.

Den Backofen auf 180 °C Ober-/Unterhitze vorheizen. Je 2 Papierförmchen in jede Mulde des Muffinblechs setzen. Den Teig einfüllen und die Quittenspalten darauf verteilen. Je 1 TL Walnussknusper obenauf geben.

Die Muffins im vorgeheizten Backofen 20 Minuten backen. Dann für 5 Minuten den Grill zuschalten, damit die Walnüsse karamellisieren. Herausnehmen und vor dem Servieren etwas abkühlen lassen.

SCHOKO-WALNUSS-KUCHEN
MIT BIRNE

Saftig, kernig, fruchtig und schokoladig ist dieser Kuchen – was will man mehr? Außerdem bleibt er auch noch über mehrere Tage frisch. Genießen Sie ihn zu einer heißen Tasse Kaffee oder Tee und mit einem ordentlichen Klacks Schlagsahne!

Für 1 Kastenform von 30 cm

400 g Birnen
250 g Mehl
3 EL ungesüßtes Kakaopulver
1/2 TL Zimt
1 Päckchen Backpulver
3 Eier
250 g Zucker
50 ml Milch
125 ml Sonnenblumenöl
150 g gehackte Walnüsse

Die Birnen schälen, von Stiel und Kerngehäuse befreien und in Würfel schneiden. Das Mehl in eine Schüssel geben. Das Kakaopulver darübersieben. Zimt und Backpulver zugeben und alles mischen.

In einer Schüssel die Eier mit dem Zucker so lange rühren, bis eine dicke Creme entstanden ist. Dann Milch und Öl einarbeiten. Die Mehlmischung zugeben und kurz unterheben, ebenso Birnenwürfel und Walnüsse.

Den Backofen auf 180 °C Ober-/Unterhitze vorheizen. Eine Kastenform mit Backpapier auskleiden. Den Teig einfüllen, glatt streichen und den Kuchen im vorgeheizten Backofen 50–60 Minuten backen (Garprobe machen).

Den fertigen Schoko-Walnuss-Kuchen herausnehmen, 15 Minuten abkühlen lassen, aus der Form stürzen und auf einem Kuchengitter vollständig abkühlen lassen.

Tipp:
Wenn Sie mögen, versehen Sie den Kuchen mit einem Guss aus dunkler Kuvertüre.

HEISSER SANDDORN
MIT HONIG

Heißer Sanddorn ist der perfekte Immun-Booster für kalte Tage! Sanddorn-Mus (siehe Tipp) können Sie in Eiswürfel-Behältern einfrieren und bei Bedarf einfach einen Würfel mit kochendem Wasser übergießen. Das geht übrigens auch mit Holunderbeeren!

Für 2 Portionen

60 ml Sanddorn-Mus (s. Tipp)
300 ml kochendes Wasser
6 TL Honig

Das Sanddornmus in hitzebeständige Gläser oder Tassen geben und mit kochendem Wasser aufgießen. Je 3 TL Honig zufügen und kräftig rühren, bis sich die Zutaten gut vermischt haben. Heiß genießen.

Tipp:
Sanddorn ernten Sie am besten, indem Sie die dicht mit Beeren bewachsenen Zweigenden mit einer Gartenschere abschneiden. Die Zweigstücke dann einfrieren und die Beeren später im gefrorenen Zustand abstreifen. So bleiben sie unverletzt.

Für das Mus beliebig viele Beeren in einen Topf geben und knapp mit Wasser bedecken. Kochen, bis sie weich sind, dann in ein Sieb abgießen. Die Beeren durch die feine Scheibe der flotten Lotte drehen oder durch ein Sieb streichen. Das aufgefangene Mus z.B. zu Konfitüre weiterverarbeiten oder in Eiswürfel-Behältern einfrieren.

KÜRBIS-RISOTTO
MIT MARONEN-KNUSPER

Ein raffiniertes Herbstgericht! Durch die Brühe und den Parmesankäse ist es in der Regel salzig genug, ohne dass Sie extra Salz hinzufügen. Aber Abschmecken schadet natürlich nicht! Salbei und zerbröselte Amarettini verleihen dem Maronen-Knusper den besonderen Pfiff.

Für 4 Portionen

Für das Risotto:
250 g Hokkaidokürbis
1/2 Gemüsezwiebel
1 Knoblauchzehe
1 EL Olivenöl
250 g Risottoreis
100 ml Weißwein
700 ml heiße Gemüsebrühe
50 g Butter
50 g geriebener Parmesan

Für den Maronen-Knusper:
3 Stängel Salbei
20 g Amarettini
150 g Maronen, gegart und geschält (siehe Tipp)
50 g Butter

Den Kürbis waschen, halbieren, von Kernen befreien und in Würfel schneiden. Zwiebel und Knoblauch schälen und würfeln. Das Öl in einer großen Deckelpfanne erhitzen. Kürbis-, Zwiebel- und Knoblauchwürfel darin anbraten. Den Reis zugeben und glasig anschwitzen lassen. Mit dem Weißwein ablöschen und unter Rühren einkochen lassen. Nach und nach die Brühe zugießen und immer wieder einkochen lassen. Dabei immerzu rühren. Das fertige Risotto soll cremig, aber noch bissfest sein. Zum Schluss die Butter zusammen mit dem geriebenen Parmesan unterrühren.

Für den Knusper den Salbei waschen, trocken schütteln und in Streifen schneiden. Die Amarettini zerbröseln, die Maronen in Scheiben schneiden. Butter in einer Pfanne leicht bräunen, Maronen, Salbei und Amarettini zugeben und anbraten.

Das Risotto in eine vorgewärmte Schüssel füllen und mit dem Maronen-Knusper bestreut servieren.

Tipp:
Frische Maronen 20 Minuten kalt wässern, dann kreuzweise einschneiden und 20 Minuten im auf 200 °C vorgeheizten Backofen garen. Herausnehmen und schälen.

MARONEN-APFEL-SUPPE
MIT KARAMELLISIERTEN MARONEN

Mit dieser samtigen Cremesuppe können Sie getrost die ersten kalten Tage des Winters begrüßen: Sie wärmt herrlich von innen und sorgt für Wohlbehagen. Ein einfaches und leckeres Rezept, um selbst gesammelte Maronen zu verarbeiten.

Für 4 Portionen

Für die Suppe:
1 Zwiebel
2 Äpfel
400 g Maronen, gegart und geschält (siehe Tipp S. 106)
Butterschmalz zum Braten
100 ml Apfelsaft
100 ml Weißwein
800 ml heiße Gemüsebrühe (instant)
2 EL Honig
200 ml Sahne
Salz, frisch gemahlener Pfeffer

Außerdem:
Butter zum Braten
1 EL brauner Zucker
4 EL Crème fraîche

Die Zwiebel schälen und würfeln. Die Äpfel schälen, vierteln, vom Kerngehäuse befreien und klein schneiden. Von den Maronen 8 Stück für die Dekoration beiseitelegen, den Rest ebenfalls klein schneiden.

Das Butterschmalz in einem Topf erhitzen, Zwiebel, Apfel- und Maronenstücke darin 5 Minuten andünsten. Mit Apfelsaft und Weißwein ablöschen und beides etwas einkochen lassen. Gemüsebrühe angießen und die Suppe 15 Minuten köcheln lassen.

Inzwischen die beiseitegelegten Maronen klein schneiden. Butter und Zucker in einer kleinen Pfanne erhitzen, die Maronen darin karamellisieren lassen. Vom Herd nehmen.

Die Maronen-Apfel-Suppe pürieren. Honig und Sahne einrühren. Die Suppe mit Salz und Pfeffer würzen, noch einmal aufkochen lassen und auf Teller verteilen.

Jede Portion mit 1 EL Crème fraîche und karamellisierten Maronen dekoriert servieren.

BUCHECKERN-KÄSE-CRACKER

In manchen Jahren fallen sie in Massen von den Bäumen, die kleinen dreikantigen Bucheckern. Dann lohnt es sich, sie zu sammeln und mit ihnen in der Küche zu experimentieren. Vor der Weiterverarbeitung werden sie geröstet, damit sie bekömmlich werden.

Für 1 Blech (ca. 40 Stück)

50 g Bucheckernkerne
50 g Butter
100 g Mehl
100 g geriebener Emmentaler
1 Ei
Salz, frisch gemahlener Pfeffer

Die Bucheckern in eine große Schüssel geben und mit kaltem Wasser übergießen. Die, die an die Oberfläche steigen, sind hohl und können abgeschöpft werden. Die verbliebenen Eckern abseihen und mit kochendem Wasser übergießen. 10 Minuten stehen lassen, dann schälen. Die Kerne grob hacken und in einer Pfanne ohne Fett rösten, bis sie zu duften beginnen.

Die Butter zerlassen. Mehl, geriebenen Käse, die gehackten Eckern und das Ei zugeben. Die Masse gut durchrühren und mit Salz und Pfeffer würzen.

Den Backofen auf 180 °C Ober-/Unterhitze vorheizen. Mit einem Teelöffel kleine Häufchen auf ein mit Backpapier ausgelegtes Blech setzen. Die Cracker im vorgeheizten Ofen in ca. 15 Minuten goldbraun backen. Abkühlen lassen und zu Wein oder Bier genießen.

Tipp:
Geröstete Bucheckernkerne enthalten viele wertvolle Inhaltsstoffe. Sie können damit z.B. auch Salate und Suppen garnieren und diesen so besonderen Pfiff verleihen. Bucheckernmehl kann mit anderen Mehlsorten gemischt und z.B. zum Brotbacken verwendet werden.

SEMMELKNÖDEL
MIT PILZ-RAHM-SAUCE

Für die Pilz-Rahm-Sauce verwenden wir hier Wiesen-Champignons und Pfifferlinge. Variieren Sie die Sorten nach Belieben! Wer zu diesem Gericht eine „Fleischbeilage" möchte: gebratene Schnitzel oder Schweinemedaillons passen gut dazu.

Für 3 Portionen

Für die Knödel:
220 g trockene Brötchen
200 ml warme Milch
1/2 Bund Petersilie
1 Schalotte
2 EL Butter
1 TL Mehl
1 Ei
Salz, frisch gemahlener Pfeffer
geriebene Muskatnuss
evtl. Semmelbrösel

Für die Pilz-Rahm-Sauce:
150 g Wiesen-Champignons
150 g Pfifferlinge
1 kleine Schalotte
3 Stängel Petersilie
1 EL Butter
1/8 l Weißwein
300 g Sahne
Salz, frisch gemahlener Pfeffer

Für die Semmelknödel die Brötchen in Würfel schneiden, in einer Schüssel mit warmer Milch übergießen und darin einweichen lassen. Die Petersilie waschen, trocken schütteln, die Blättchen von den Stielen zupfen und hacken. Die Schalotte schälen und fein würfeln. Butter in einem Topf erhitzen, die Schalottenwürfel darin anschwitzen und zu den Brötchen geben. Petersilie, Mehl und Ei zufügen. Alles mit Salz, Pfeffer und Muskat würzen und gut durchkneten. Sollte der Teig zu weich sein, Semmelbrösel untermischen. Die Hände mit kaltem Wasser anfeuchten und aus dem Semmelteig Knödel von 4–5 cm Durchmesser formen. Salzwasser in einem großen Topf zum Kochen bringen. Die Knödel nach und nach mit einem Schaumlöffel hineinlegen und ohne Deckel in 15 Minuten gar ziehen lassen.

Für die Pilz-Rahm-Sauce die Pilze putzen, nicht waschen. Die Schalotte schälen und würfeln. Die Petersilie waschen, trocken schütteln, die Blättchen von den Stielen zupfen und hacken. Die Butter in einer Pfanne erhitzen, die Pilze darin anbraten. Schalotte und Petersilie zugeben und mit anschwitzen lassen. Mit Weißwein und Sahne ablöschen und 5 Minuten leicht einkochen lassen, salzen und pfeffern.

Die fertigen Knödel mit einem Schaumlöffel aus dem Topf heben und mit der Pilz-Rahm-Sauce anrichten.

GEBRATENE WALDPILZE
MIT SCHNITTLAUCH

Hier gilt natürlich die oberste Regel des Pilzesuchens: Nehmen Sie einen Pilz nur, wenn Sie ihn eindeutig erkennen. Sollte der geringste Zweifel aufkommen: Stehen lassen! Eine pilzkundige Person und ein sorgfältig recherchiertes Bestimmungsbuch dabei zu haben, kann nie schaden.

Für 4 Portionen als Snack

ca. 1 kg selbstgesammelte Waldpilze (z.B. Steinpilze, Maronenröhrlinge, Pfifferlinge)
2 Schalotten
1 Bund Schnittlauch
Butterschmalz zum Braten
Salz, frisch gemahlener Pfeffer

Die Pilze gründlich putzen und klein schneiden. Madige Pilze aussortieren. Die Schalotten schälen und fein würfeln. Den Schnittlauch waschen, trocken schütteln und in Röllchen schneiden.

Butterschmalz in einer großen, schweren Pfanne sehr heiß werden lassen. Die Pilze hineingeben. Nicht rühren, sondern nur von Zeit zu Zeit an der Pfanne rütteln. So vermeidet man, dass Flüssigkeit austritt und die Pilze kochen, statt zu braten. Wenn die Pilze zu bräunen beginnen, die Schalottenwürfel zufügen. Alles etwa 10 Minuten garen. Jetzt darf gerührt werden.

Zum Schluss die Pilzpfanne salzen, pfeffern und mit Schnittlauchröllchen bestreut servieren. Dazu passt frisches Bauernbrot mit Butter.

Tipp:
Auch viele essbare Pilze können in rohem Zustand Bauchgrimmen verursachen, daher ist es wichtig, Pilzgerichte immer gut durchzugaren. Es hilft, die Pilze vor dem Braten recht klein zu schneiden.

PARASOLPILZ-SCHNITZEL

Parasolpilze sind an ihrer beeindruckenden Größe und dem verschiebbaren Ring am Stiel recht leicht zu erkennen und daher auch für Anfänger unter den Pilzsuchern ein – im wahrsten Sinne des Wortes – gefundenes Fressen: Es reicht schon ein Pilz pro Person für eine leckere Mahlzeit!

Für 4 Portionen

4 Parasolpilze, jung, aber schon ausgebreitet
4 gehäufte EL Mehl
1 Ei
4 gehäufte EL Semmelbrösel
Butter zum Braten
Salz
frisch gemahlener Pfeffer
1 EL Schnittlauchröllchen zum Bestreuen

Die Pilzhüte von den Stielen trennen und vorsichtig putzen. Mehl, verquirltes Ei und Semmelbrösel jeweils in einen Suppenteller geben. Butter in einer großen, schweren Pfanne erhitzen.

Die Pilzhüte erst in Mehl, dann in Ei und schließlich in Semmelbröseln wenden und die Panade etwas andrücken. In die heiße Butter legen und bei mittlerer Temperatur von beiden Seiten goldbraun braten. Dabei aufpassen: Das Fett darf nicht zu heiß sein, sonst verbrennt die Panade, aber auch nicht zu kalt, sonst werden die Pilze matschig und die Panade nicht knusprig.

Nach etwa 10 Minuten sind die Pilzschnitzel gar. Salzen, pfeffern und mit Schnittlauchröllchen bestreut servieren. Die Parasolpilzschnitzel schmecken auf gebuttertem Brot, aber auch mit üblichen Schnitzelbeilagen wie Kartoffeln und Salat.

Tipp:
Die Stiele der Pilze können Sie trocknen und zu Pulver mahlen. Damit lassen sich z.B. Bratensaucen würzen.

REGISTER

SAISONKALENDER

Die angegebenen Zeiträume beziehen sich auf die Haupt-Sammelzeit. Sie können je nach Witterung jedoch variieren.

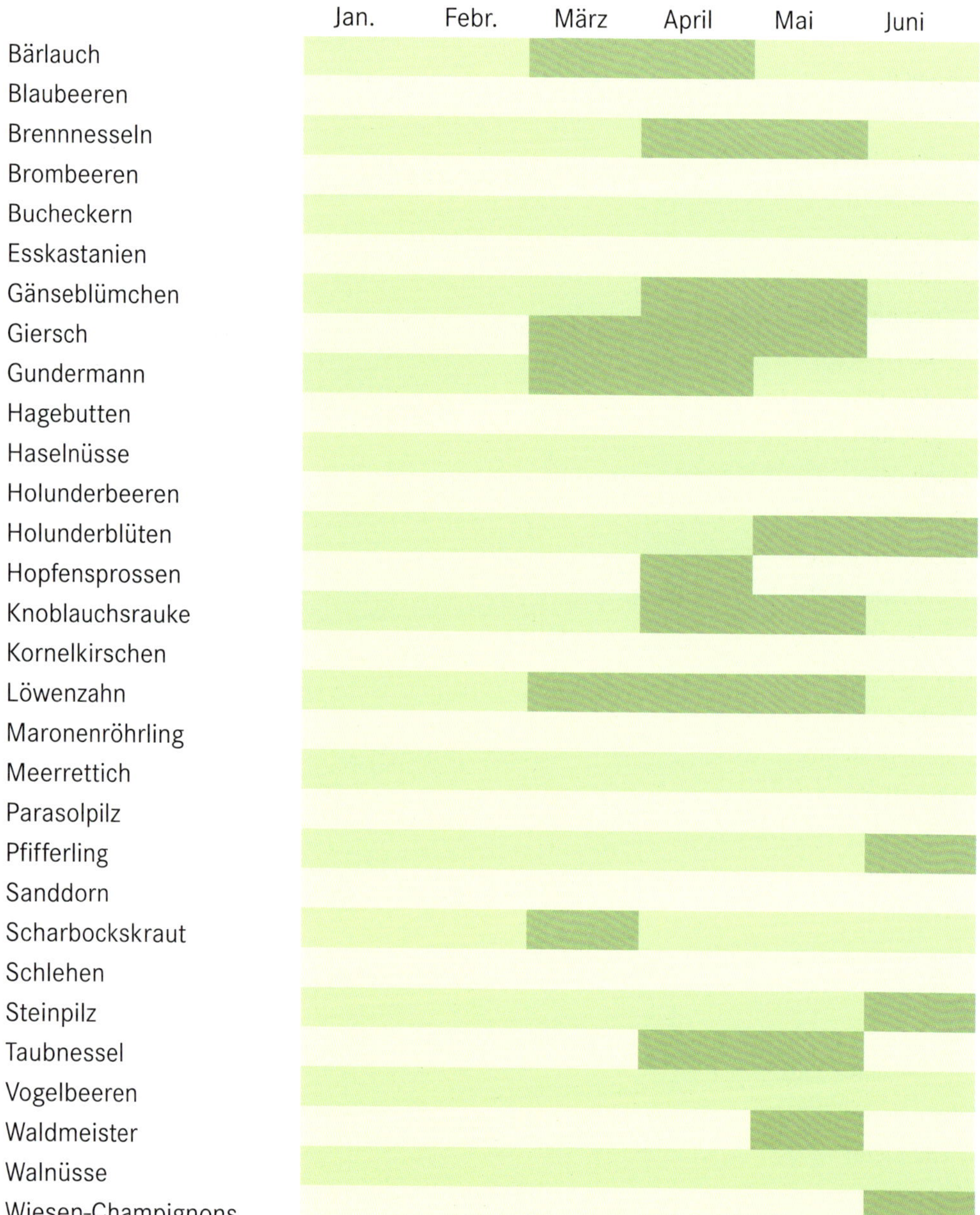

Haupt-Sammelzeit

	Juli	Aug.	Sept.	Okt.	Nov.	Dez.
Bärlauch						
Blaubeeren	x	x				
Brennnesseln						
Brombeeren	x	x	x	x		
Bucheckern			x	x	x	
Esskastanien			x	x		
Gänseblümchen						
Giersch						
Gundermann						
Hagebutten			x	x	x	
Haselnüsse			x			
Holunderbeeren		x	x			
Holunderblüten						
Hopfensprossen						
Knoblauchsrauke						
Kornelkirschen		x	x			
Löwenzahn						
Maronenröhrling		x	x	x		
Meerrettich				x	x	
Parasolpilz		x	x	x		
Pfifferling	x	x	x	x		
Sanddorn		x	x			
Scharbockskraut						
Schlehen			x	x		
Steinpilz	x	x	x	x		
Taubnessel						
Vogelbeeren	x	x				
Waldmeister						
Walnüsse			x	x		
Wiesen-Champignons	x	x				

AUTOREN

Christiane Leesker studierte an der FH Münster und der École Nationale des Beaux Arts in Nancy Design. Nach ein paar Jahren als Kochbuchlektorin in einem Verlag machte sie sich als Grafikdesignerin und Autorin in den Ateliers Hafenstraße 64 in Münster selbständig. Seit 2013 hat sie gemeinsam mit der Fotografin Vanessa Jansen bisher ca. 20 Koch- und Lifestyle-Bücher veröffentlicht.

Vanessa Jansen arbeitete nach ihrer Ausbildung zur Fotografin einige Monate in einem Werbestudio in Alicante. Im Jahr 2007 ließ sie sich als freie Fotografin in Münster nieder. Seither setzt sie unter anderem gemeinsam mit Christiane Leesker Ideen für Kochbücher um. Ihre Food- und Moodbilder wirken authentisch und natürlich. Sie arbeitet ausschließlich mit Tageslicht.

DANK

Wir möchten uns ganz herzlich bedanken bei Irmgard für den selbst gesammelten Sanddorn, Simone und Gerrit für die Vogelbeeren, Thilo für Hilfe beim Pilzesammeln und -putzen, Tarek fürs Pflücken von Hagebutten und Schlehen, Nicole und Hermann fürs Aufessen-Helfen; bei unserer Agentin Anette Riedel für ihren Einsatz; bei Lena Siemann für ihr Vertrauen; bei Anne Huntemann fürs Lektorat und natürlich bei unseren Familien für Verständnis, Geduld und Unterstützung aller Art!